Die getrennte doppelte Erfolgsrechnung

Eine Untersuchung über das Verhältnis der Bilanz zur Gewinn- und Verlustrechnung zum Zwecke der Vervollkommnung der industriellen Erfolgsermittlung

von

Dr.-Ing. H. Müller-Bernhardt
Leipzig

Springer-Verlag Berlin Heidelberg GmbH 1928

ISBN 978-3-662-32396-0 ISBN 978-3-662-33223-8 (eBook)
DOI 10.1007/978-3-662-33223-8

Vorwort.

Da sich das vorliegende Büchlein mit der Vervollkommnung der industriellen Erfolgsermittlung befaßt, sei in ganz wenigen Sätzen begründet, ob und warum die Forderung nach Weiterbildung auf diesem Gebiete berechtigt und notwendig ist.

Die auf dem System der doppelten Buchführung aufgebaute Erfolgsermittlung ist ihrem Wesen nach eine Annäherungsrechnung mit ziemlich weiten Fehlergrenzen. Die Annahme, daß die Erfolgsermittlung um deswillen eine exakte Rechnung sei, weil die doppelte Buchhaltung doch „auf den Pfennig" stimmen muß, ist nicht stichhaltig. Zwecks dieser Erkenntnis braucht man sich nur kurz zu vergegenwärtigen, daß z. B. die Bemessung der einzurechnenden Abschreibungen, die Bewertung der Warenvorräte, die Schätzung des Delkredere auf ausstehende Forderungen schon zu ganz erheblichen Fehlern führen können.

Schon aus der Tatsache, daß es sich bei der industriellen Erfolgsermittlung immer um eine Annäherungsrechnung handelt, könnte man geneigt sein, von der dauernden Notwendigkeit der Vervollkommnung zu sprechen. Denn angesichts der heute allgemein anerkannten Tatsache, daß wir unser gesamtes industrielles Rechnungswesen mit Rücksicht auf die gewachsene industrielle Weltkonkurrenz feiner ausbauen müssen, wird dies in ganz besonderem Maße für das Gebiet der Erfolgsermittlung zutreffen. Aber es handelt sich nicht nur darum. Die Dinge liegen vielmehr so, daß die industrielle Erfolgsermittlung so, wie sie heute fast allgemein gehandhabt wird, teilweise zu ganz groben Fehlern führt, die nicht auf den auch in aller Zukunft unvermeidbaren Mißgriffen bei der Schätzung beruhen, sondern die sich aus falschen Überlegungen ergeben und daher vermieden werden können.

Aber die Weiterbildung hat sich, abgesehen von der anzustrebenden größeren Genauigkeit des Ergebnisses, weitere Ziele zu stecken. Es muß nämlich gefordert werden, daß das Erfolgsergebnis sowohl zeitlich, als auch nach den Erzeugnissen, als auch nach den Absatzgebieten in weitgehendem Maße gegliedert werden kann. Von diesen Aufgaben ist bis heute nur die zeitliche Gliederung durch die monatliche Zwischenbilanz — wenigstens in einem Bruchteil der Industrie — praktisch in Angriff genommen. Die ebenso wichtige Gliederung nach Erzeugnissen und Absatzgebieten, die, wie wir sehen werden, nur durch eine Änderung im System der Rechnung zu erreichen ist, harrt noch fast gänzlich der Lösung. — Schließlich erblicke ich eine dritte Aufgabe darin, daß die heute nur teilweise ausgenutzten Kontrollmöglichkeiten der doppelten Buchführung in höherem Maße zur Geltung gebracht werden müssen.

Wie diese drei angeführten Aufgaben praktisch gelöst werden können, wird Gegenstand der nachfolgenden Ausführungen dieses Büchleins sein.

An dieser Stelle möchte ich nur noch folgendes vorausschicken:

Die hier zu behandelnde Rechnungsmethode hat nicht die Aufgabe, Gegenstand der Erörterungen in den Generalversammlungen der Gesellschaften zu werden. In welcher Form eine Bilanz dort vorgeschlagen und beschlossen wird, ist eine wirtschaftspolitische Angelegenheit, die mit unserer Frage verhältnismäßig wenig zu tun hat. Die Weiterentwicklung zielt darauf hin, den wirklichen ungeschminkten Erfolg der Unternehmen rücksichtslos zu erkennen und zu beleuchten. Sie ist demgemäß ein Handwerkszeug, dessen sich die engere oder weitere Geschäftsleitung bei ihren Beschlüssen bedienen soll.

Es handelt sich hier auch nicht um die Frage der Vervollkommnung der Buchungsmethoden, wie z. B. besondere Durchschreibeverfahren zum Zwecke der Einschränkung der Fehlerquellen oder die Verwendung von Buchhaltungsmaschinen zum Zwecke der Personalersparnis. Für derartige mehr formale Fragen bietet die vorliegende Betrachtung keinen Raum, da sie sich lediglich mit der Untersuchung der inneren, gedanklichen Zusammenhänge der Erfolgsrechnung befaßt.

Die nachfolgende Untersuchung stellt einen ersten Versuch dar, das Problem der getrennten doppelten industriellen Erfolgsrechnung überhaupt einer systematischen Betrachtung entgegenzuführen. Wenn das vorliegende Schriftchen dazu beitragen wird, die Erörterung der Frage der Verselbständigung der Gewinn- und Verlustrechnung und der getrennten doppelten Erfolgsrechnung in Wissenschaft und Praxis zu fördern, so ist sein Zweck vollkommen erreicht. Ich bin mir bewußt, daß die vorgelegten Ausführungen keineswegs eine restlose Klärung bedeuten. Um dieses Ziel zu erreichen, wird es noch jahrelanger Zusammenarbeit von Wissenschaft und Praxis bedürfen.

Leipzig, im Oktober 1927.

H. Müller-Bernhardt.

Inhaltsverzeichnis.

1. Der gegenwärtige Zustand.

Eine Hauptaufgabe, die die doppelte Buchführung in der Praxis des Wirtschaftslebens zu erfüllen hat, ist der Nachweis, ob ein Unternehmen erfolgreich oder erfolglos arbeitet. Erfolg ist vorhanden, wenn das in dem Unternehmen investierte Kapital wächst (Gewinn); das Schwinden des Kapitales bedeutet dagegen Mißerfolg (Verlust). Die besondere Eigenart der doppelten Buchführung (Doppik) ist nun, daß sie Gewinn oder Verlust doppelt nachweisen soll. Vom formal buchhalterischen Standpunkt aus betrachtet, ist die Doppik zum doppelten Nachweis befähigt, weil sie auf dem Grundsatz aufgebaut ist, daß alle buchungsfähigen Geschäftsereignisse doppelt verbucht werden, und zwar derartig, daß der Soll-Saldo der Bestandskonten gleich dem Haben-Saldo der Erfolgskonten ist. Schär sagt darüber in seinem Werk „Buchhaltung und Bilanz“[1]: „Da als Gewinn- und Verlustposten nur die Differenzen zwischen Soll und Haben der Bestandskonten bzw. eine einseitige Vermehrung oder Verminderung in einem Bestandskonto gebucht werden, so muß der Soll-Saldo der Bestandskonten, wie oben mathematisch bewiesen, gleich sein dem Haben-Saldo des Gewinn- und Verlustkontos. Die Probe für die Richtigkeit der Buchführung liegt daher im doppelten Nachweis des Reingewinnes.“

Wenn man nun diese theoretische Grundlage mit der heute fast allgemein geübten Handhabung in der Praxis des Wirtschaftslebens vergleicht, so beobachtet man, daß in der doppelten Buchführung ein tatsächlich doppelter Nachweis des Erfolges nicht stattfindet. Der Rechnungsgang ist vielmehr in der Regel so, daß der Erfolg in der Bestandsrechnung ermittelt wird und daß dann diese Erfolgsziffer unter Anwendung einer Substitutionsgleichung, die wir später kennenlernen werden, in die Gewinn- und Verlustrechnung übernommen wird. Daß dabei die Bilanz und die Gewinn-

[1] Vgl. 5. Aufl., S. 35ff.

und Verlustrechnung nach außen hin als zwei getrennte Rechnungen mit voneinander abweichenden Einzelposten erscheinen, ändert nichts an der Tatsache, daß es sich nur um die doppelte Darstellung einer einzigen Rechnung handelt.

Mit dieser Tatsache hat sich auch, soweit ich sehe, die Wissenschaft abgefunden. Schär sagt dazu folgendes[1]: „Der doppelte Nachweis des Reinvermögens, bzw. Reingewinnes, ist nur ein rechnerisches Kunststück, algebraisch ausgedrückt eine identische Gleichung, weil die Gewinn- und Verlustrechnung nicht selbständig und unabhängig von den Bestandskonten gebildet, sondern von diesen abgeleitet wird."

Zu einem ähnlichen Ergebnis gelangt Schmalenbach[2]. Er sagt folgendes: „Ganz besonders abzulehnen ist die Vorstellung, daß hier in der doppelten Buchführung zwei Rechnungen unabhängig voneinander laufen, eine Kapital- und eine Erfolgsrechnung. Dieser Gedanke ist schon deshalb für den Nachdenkenden absurd, weil es ganz ausgeschlossen erscheinen müßte, daß die beiden Gewinnbeträge auf den Pfennig genau übereinstimmen, wenn wirklich zwei im Wesen verschiedene Verfahren nebeneinander herlaufen. Was hier nebeneinander herläuft, ist lediglich das doppelte Addieren und Subtrahieren der doppelten Buchhaltung.

Das bedeutet nicht, daß eine doppelte Rechnung an keiner Stelle möglich sei, es bedeutet nur, daß im vorliegenden Falle von einer doppelten Methode der Gewinnberechnung nicht die Rede ist.

Eine tatsächlich doppelte Methode der Rechnung liegt vor, wenn man beispielsweise einen Materialvorrat feststellt, indem man einerseits jeden einzelnen Aufwand und daraus mit Hilfe von Anfangsbestand und Zugang den Endbestand bestimmt, und indem man andererseits den wirklichen Vorrat ermittelt und daraus mit Hilfe von Anfangsbestand und Zugängen auf den Aufwand schließt. Das ist dann in der Tat eine doppelte Feststellung. Daß sie doppelt ist, ersieht man aus den sich dabei regelmäßig ergebenden Unterschieden im Ergebnis."

Die industrielle Erfolgsrechnung wird also, wie wir sehen, trotzdem sie auf der doppelten Buchhaltung aufgebaut ist, praktisch und tatsächlich als einfache Rechnung gehandhabt.

---

[1] a. a. O. S. 51.

[2] Schmalenbach: Dynamische Bilanzlehre. 3. Aufl., S. 79.

2. Die zwei Grundgleichungen der Doppik.

Wenn wir nun tiefer in die gedanklichen Grundlagen der doppelten Buchhaltung eindringen wollen, so genügt zur Erklärung des Wesens der Doppik der schon oben gegebene Hinweis, daß die Verbuchung der Geschäftsvorfälle doppelt, und zwar derartig erfolgt, daß der Soll-Saldo der Bestandskonten gleich dem Haben-Saldo der Erfolgskonten ist, nicht. Es ist ein Versuch der Erklärung der Doppik vom formal buchhalterischen Gesichtspunkt aus. Er ist ebenso äußerlich wie die daraus gezogene Folgerung, daß die Doppik den Erfolg aus diesem Grund doppelt nachweise. Vom Standpunkt des in das Wesen der Zusammenhänge eindringenden Wirtschaftlers liegen die Dinge tiefer. Die doppelte Buchhaltung beruht nämlich auf der Existenz der beiden selbständigen Erfolgsgleichungen:

Endbestand — Anfangsbestand = Erfolg (Gewinn od. Verlust),
Ertrag — Aufwand = Erfolg (Gewinn oder Verlust).

Diese beiden Gleichungen bestanden, lange bevor es eine doppelte Buchführung gab. Ohne die Existenz zweier derartiger Erfolgsgleichungen gäbe es keine doppelte Buchführung. Die doppelte Buchführung hat die buchungsfähigen Geschäftsvorfälle letzten Endes in zwei Reihen nach diesen beiden Gleichungen zu sammeln und zu ordnen. Die erste der beiden Gleichungen ist die Grundlage für die Bilanzrechnung, auf der zweiten Gleichung baut sich die Gewinn- und Verlustrechnung auf.

Zu der Gleichung:

Ertrag — Aufwand = Gewinn oder Verlust

ist erläuternd zu bemerken, daß diese Ziffern nicht mit den Ziffern der in einer Rechnungsperiode tatsächlich erzielten Erträge bzw. der für die hergestellten Erzeugnisse tatsächlich aufgewendeten Kosten verwechselt werden dürfen. Denn das würde zur Gegenüberstellung von zwei Ziffern führen, die innerlich nur wenig miteinander zu tun haben. Es kann sich natürlich hier nur um die Gegenüberstellung von Ertrag und Aufwand für die in einem Rechnungsabschnitt umgesetzten Erzeugnisse handeln. Soweit in den nachfolgenden Ausführungen nichts anders bemerkt wird, beziehen sich Ertrag und Aufwand also auf den getätigten

Umsatz. Allerdings müssen die Begriffe Ertrag und Aufwand darüberhinaus in einem erweiterten Sinne aufgefaßt werden (vgl. S. 6).

Hiermit ist auch gleichzeitig erklärt, daß die in der neueren Literatur auftauchenden Beiträge über Systeme von Dreifach-, Vierfach- oder Mehrfach-Buchführungen nur dann eine reale Bedeutung haben können, wenn die entsprechende Anzahl richtiger und praktisch brauchbarer Grundgleichungen für den Erfolg nachgewiesen werden kann.

3. Die getrennte doppelte Erfolgsrechnung.

Die vorstehenden Gedankengänge lassen keinen Zweifel, daß die doppelte Buchführung ihrem innersten Wesen nach neben einer selbständigen Bilanzrechnung eine selbständige Gewinn- und Verlustrechnung vorsieht. Zweifelhaft kann nur sein, ob bzw. wieweit die Durchführung der beiden Erfolgsgleichungen als zweier getrennter, selbständiger Rechnungen praktisch möglich ist.

In der nachfolgenden Untersuchung soll zunächst diese Frage beantwortet werden. Weiter soll geprüft werden, ob und wie weit die Praxis ein Interesse an der Ausbildung der Verselbständigung der Gewinn- und Verlustrechnung und mithin an der Durchführung der getrennten doppelten Erfolgsrechnung hat.

Es ist bekannt, daß die Doppik aus den Bedürfnissen des Warenhandels heraus ausgebildet wurde. Dabei ist es für unsere Betrachtung interessant festzustellen, daß der Handel früher sehr häufig zwei getrennte gleichwertige Rechnungen, nämlich einerseits die Gewinn- und Verlustrechnung und anderseits die Bilanzrechnung durchgeführt hat. In der sog. Partienrechnung hat der Handel nämlich den Erfolg auf Grund der Gleichung

Ertrag — Aufwand = Gewinn oder Verlust

direkt ermittelt. Die nachfolgende, ebenfalls selbständige nach der Gleichung

Endbestand — Anfangsbestand = Gewinn oder Verlust

durchgeführte Bilanzrechnung hat dann das Ergebnis der Partienrechnung bestätigt bzw. vorhandene Abweichungen festgestellt.

Daß diese dem Wesen der Doppik entsprechende Methode der getrennten doppelten Erfolgsrechnung in der Industrie keinen Eingang gefunden hat, ist keine zufällige Erscheinung, sondern wie alle Entwicklung tief begründet. Zur Durchführung der getrennten doppelten Rechnung ist es nämlich erforderlich, daß die vier Glieder der beiden Grundgleichungen, nämlich Ertrag, Aufwand, Anfangsbestand und Endbestand unabhängig auf direktem Wege ermittelt werden. Die Messung der Größen Ertrag, Anfangsbestand und Endbestand bietet keine Schwierigkeiten, sofern nur geklärt ist, was begrifflich unter diesen Größen zu verstehen ist. Schwieriger ist die Messung des Aufwandes.

Die rasche Entwicklung der Industrie zu vielgestaltigen, ineinandergreifenden Produktionsvorgängen hatte zur Folge, daß die Kunst der direkten Messung des Aufwandes zeitweise vernachlässigt wurde. Mangels ausreichender betrieblicher und buchhalterischer Einrichtungen war es bis vor nicht allzu langer Zeit tatsächlich in vielen industriellen Betrieben unmöglich, die Selbstkosten mit einer für die Zwecke der direkten Erfolgsrechnung ausreichenden Genauigkeit und Unterteilung zu ermitteln. Um die für die Abschlußrechnung wichtige Ziffer des Aufwandes zu finden, hat man sich daher praktisch so geholfen, daß der Aufwand aus der Substitutionsgleichung

$$\text{Anfangsbestand} + \text{Ertrag} - \text{Endbestand} = \text{Aufwand}$$

indirekt errechnet wird. Die so gefundene Ziffer wird dann in die doppelte Buchführung mit der selbstverständlichen Wirkung übernommen, daß die Summe der Haben-Salden mit der Summe der Soll-Salden „auf den Pfennig" übereinstimmen muß.

Da die Hauptvoraussetzung für die direkte Gewinn- und Verlustrechnung ist, daß der Aufwand direkt gemessen werden kann, muß erläutert werden, was in dieser Betrachtungsweise unter Aufwand zu verstehen ist. In erster Linie und in der Regel ausschlaggebend gehören zu dem Aufwand sämtliche Kosten, die zur Herstellung und zum Vertrieb der Erzeugnisse aufgewendet werden müssen. Dies sind die Selbstkosten der umgesetzten Erzeugnisse. Man kann daher diesen Teil des Aufwandes auch den „Umsatzaufwand" nennen.

Bis vor noch nicht allzu langer Zeit waren, wie bereits erwähnt wurde, die Methoden der industriellen Selbstkostenermittlung teils wissenschaftlich und zum noch größeren Teile praktisch ungeklärt. Nachdem auf diesem Gebiete seit Jahren gründliche Arbeit geleistet worden ist, kann heute mit Recht angenommen werden, daß in vielen, wenn auch nicht allen Industrien die direkte Erfassung der Kosten mit ausreichender Genauigkeit und getrennt nach den einzelnen Erzeugnissen keine Schwierigkeiten mehr bietet. So bestehen z. B. sicher in der Eisen schaffenden und Eisen verarbeitenden Industrie, vermutlich auch in den Industrien, die sich auf den Textilien, Leder und anderen festen Stoffen aufbauen, keine Hindernisse, die Kosten getrennt für die einzelnen Erzeugnisse zu erfassen. Schwieriger, teilweise sogar unmöglich, wird die unterteilte Erfassung der Kosten in Industrien, bei denen die Erzeugung auf dem Wege des Vermischens, Verbindens, Spaltens usw. erfolgt, wie z. B. in der chemischen Industrie. Außerhalb der Industrie dürfte die direkte Aufwandserfassung z. B. im Bankgewerbe, in dem Verkehrsgewerbe und auch vermutlich anderen Gewerben auf erhebliche Schwierigkeiten stoßen.

Naturgemäß ist auch die direkte Kostenermittlung in der Regel keine ganz exakte Rechnung. Die auf den direkt ermittelten Ziffern des Aufwandes aufbauende Erfolgsrechnung kann demgemäß ebenso wenig ein auf den Pfennig stimmendes Ergebnis gewährleisten, wie das die Bilanzrechnung kann.

Neben den reinen Erzeugniskosten gibt es solche besondere Aufwendungen, die zwar auch mit dem Warenumsatz in kausalem Zusammenhang stehen, aber aus besonderen Gründen nicht als Erzeugungskosten, sondern als unmittelbare Aufwendungen direkt über Gewinn- und Verlustkonto gebucht werden. Auch diese in ihrem Wesen von den Erzeugungskosten unterschiedlichen Aufwendungen kann man zu dem Umsatzaufwand rechnen.

Neben den Erfolgen aus dem Warenumsatz ergeben sich nun in der Regel weitere Einwirkungen auf den Vermögensstand, die mit dem Warenumsatz in keinem unmittelbaren Zusammenhang stehen. Es sind das Veränderungen im ruhenden Vermögen, die aus den verschiedensten Gründen entstehen können und deren Einbeziehung in die Erfolgsrechnung es erforderlich macht, die Begriffe „Ertrag“ und „Aufwand“ weiter zu fassen. Und zwar ist Zuwachs im ruhenden Vermögen als Ertrag, Vermögensschwund dagegen als Aufwand zu behandeln.

Zu dieser Kategorie von Erfolgen bzw. Mißerfolgen gehören in erster Linie alle die Aufwendungen, die im Idealfall eigentlich nicht entstehen sollten, die aber trotz aller Maßnahmen doch auftreten. Man kann diese Aufwendungen als außerplanmäßige Aufwendungen bezeichnen. Hierher gehören z. B. fast alle Verluste, die durch Veruntreuungen oder Irrtum entstehen können. Weiter sind hier Wertminderungen in den Lagervorräten ins Auge zu fassen, soweit sie durch neue Erfindungen der Konkurrenz, durch eigene Konstruktionsfortschritte u. dgl. mehr verursacht werden. Auch Verluste durch Verderben oder zufälligen Untergang von Vermögensteilen können in diese Kategorie von Aufwendungen fallen, sofern diese nicht durch Zuschläge in die Kostenrechnung einbezogen werden.

Die Differenzbeträge, die sich zwischen der Vorrechnung und der Nachrechnung der Kosten ergeben, sind nur dann Teile der hier zu betrachtenden außerplanmäßigen Erfolge, wenn — wie es hie und da bei reiner Massenfabrikation vorkommt — die Kostenrechnung unter Verzicht auf eine über die ganze Produktion sich erstreckende Nachrechnung auf Grund der Vorrechnung erfolgt. In sehr vielen Fällen wird heute aber die lückenlose Kostennachrechnung durchgeführt.

In Sonderfällen können sich die vorstehend aufgeführten Fälle auch als Vermögenszuwachs bzw. als Ertrag auswirken.

Es liegt naturgemäß ein ganz besonderes Interesse vor, die außerplanmäßigen Aufwendungen möglichst genau und lückenlos zu erfassen. Hierüber wird noch ausführlich zu sprechen sein.

Weitere Erfolge bzw. Mißerfolge im ruhenden Vermögen ergeben sich aus der Verflechtung des Einzelunternehmens mit dem Markt. Jedes Unternehmen ist nämlich nicht nur ein seinem betriebswirtschaftlichen Zwecke Genüge leistendes Individuum, sondern es ist auch gleichzeitig eingeschaltet in das Getriebe seiner Volkswirtschaft. Das Geschäftsvermögen segelt gleich einem Schiff auf den bewegten Wellen eines Meeres und ist seinen äußeren Einwirkungen ausgesetzt. Markteinflüsse, wie Mode, Geschmack, neue Erfindungen in marktgängigen Artikeln, insbesondere Konjunktur, können Vermögensschwankungen verursachen, die je nach ihrem Ausschlag als Erträgnisse oder Aufwendungen zu behandeln sind.

Praktisch wirkt sich der äußere Einfluß des Marktes bei den industriellen Unternehmungen ganz verschieden aus. Wenn ein Unternehmen zur Erfüllung seiner industriellen Zwecke erhebliche Bestände an Waren führen muß, die den Einflüssen der Konjunktur besonders ausgesetzt sind, wie z. B. Kupfer, Zink, Baumwolle, Gummi, Getreide, Kaffee, Zucker u. a. m., so können sich aus den Bewegungen der Börsennotierungen für diese Waren Teilerfolge ergeben, die das eigentliche Betriebsergebnis stark beeinflussen. Auch die Schwankungen der Aktienkurse können bei solchen Unternehmungen, die über Beteiligungen bei fremden Gesellschaften verfügen, von erheblichem Einfluß sein. In besonders gelagerten Fällen, z. B. bei Bau- und Terraingesellschaften mit stark ausgeprägtem Bodeninteresse, wird unter Umständen der Betriebserfolg gegenüber dem Spekulationserfolg ganz in den Hintergrund treten. Bei den auf Kohle und Eisen aufgebauten Industrien spielt dagegen der Spekulationserfolg in der Regel eine untergeordnete Rolle.

Schwankungen, die das gesamte Niveau der Preise einer Volkswirtschaft erfassen, sei es, daß sie von der Warenseite, sei es, daß sie von der Geldseite herkommen, sind anders zu beurteilen. Sie stehen zwar mit unseren Untersuchungen in dem grundsätzlichen Zusammenhang, daß sie das Erfolgsergebnis ganz beträchtlich fälschen können. Sie können aber hier unerörtert bleiben, da die Fragen der Ausschaltung dieser Einflüsse ihre befriedigende Beantwortung in der Literatur bereits gefunden haben. Es mag hier der Hinweis genügen, daß die Ausschaltung dieser Fehler je nach dem Größenausmaß der Schwankungen dringend erforderlich sein kann und hier vorausgesetzt wird.

Die Erkenntnis, daß der Geschäftserfolg sich aus mehreren Komponenten zusammensetzt, nämlich einerseits aus dem eigentlichen Industrieerfolg und andererseits aus vom Markte herkommenden Erträgen bzw. Aufwänden, die spekulativ geartet sind, führt uns zu folgender wichtigen Schlußfolgerung: Das Rückgrat des industriellen Erfolges muß immer das volkswirtschaftliche Werte schaffende Streben der Herstellung bzw. des Vertriebes mit möglichst geringem Aufwand bleiben. Gegenüber diesen Grundtatsachen tritt in vielen Industrien das mehr spekulativ geartete Profitmachen stark in den Hintergrund. Wir ziehen daraus die Folgerung, daß die heute vielfach noch übliche Verquickung der Ermittlung des eigentlichen Industrieerfolges mit dem spekulativen Profit ein schwerer Mangel ist. Für die Vervollkommnung der Erfolgsermittlung muß daher gefordert werden, daß jedes Industrieunternehmen den Betriebserfolg von dem Spekulationserfolg trennen muß. Darüber hinaus ist sogar im Einzelfall zu prüfen, ob es ratsam oder zulässig ist, einen Markterfolg überhaupt anzuerkennen und in Erscheinung treten zu lassen. Ganz besonders scharf sollte diese Prüfung sein, wenn es sich darum handelt, Konjunkturerträge buchmäßig als Gewinn zu behandeln und unter Umständen zur Ausschüttung zu bringen.

Wir haben also gesehen, daß die direkte Erfassung von Ertrag und Aufwand in einer ganzen Reihe großer Industrien keine Schwierigkeiten bietet. Der direkten Erfassung entziehen sich dagegen die Markt- bzw. Konjunkturerfolge und die außerplanmäßigen Erfolge[1]. Diese Erfolge können, da sie Erfolg im ruhenden Vermögen sind und in der Regel nicht bei ihrem Entstehen buchhalterisch erfaßt werden können, nur durch die Bestandsrechnung (Bilanz) berücksichtigt werden.

Man könnte daraus folgern, daß die selbständige Durchführung der Gewinn- und Verlustrechnung praktisch wertlos sei. Diese Schlußfolgerung wäre aber unvernünftig, denn es steht kein Hinderungsgrund im Wege, daß man die Gewinn- und Verlustrechnung zunächst ohne Berücksichtigung der Erfolge im ruhenden Vermögen durchführt und damit allerdings bewußt zu zwei verschiedenen Ergebnissen gelangt. Wenn man von dem bei richtigem Rechnen in seinem Ausmaß begrenzten Unterschied, der sich aus der getrennten Doppelrechnung an sich ergibt, absieht, stellt diese Differenz die Beträge der Konjunkturerfolge und der außerplanmäßigen Erfolge dar. Die Konjunkturerfolge können durch Führung von Differenzkonten ziffernmäßig mit praktisch ausreichender Genauigkeit in der Bilanz ermittelt und in gleicher Höhe als Erfolgsposten in die Gewinn- und Verlustrechnung übernommen werden. Der verbleibende Rest stellt dann die Größenordnung der außerplanmäßigen Erfolge dar[2].

Eine Rechnungsmethode, die diese Ziffer liefert, darf des größten Interesses seitens jedes verantwortlichen Fabrikleiters gewiß sein. Denn in dieser Ziffer offenbart sich, wie innerhalb gewisser Grenzen die Wirklichkeit von der Planung abweicht. Wenn diese Ziffer, wie schon erwähnt wurde, ebensowenig Anspruch auf volle Exaktheit machen kann wie jede andere aus der Doppik gewonnene Erfolgsziffer, so gibt sie doch die Größen-

[1] Soweit sie nicht anderweitig durch besondere Beobachtungen ermittelt werden.

[2] Richtige Fakturierung der gelieferten Waren vorausgesetzt.

ordnung an, und das genügt in der Praxis durchaus. Voraussetzung für die Richtigkeit der Größenordnung ist allerdings, wie besonders betont werden muß, daß die Gewinn- und Verlustrechnung einerseits und die Bestandsrechnung (Bilanz) andererseits richtig, d. h. sowohl rechnerisch einwandfrei als auch auf übereinstimmenden gedanklichen Grundlagen, durchgeführt wird. Zu dieser Frage ist allerdings später noch Wesentliches zu der heute üblichen Handhabung der Bilanzrechnung zu sagen (vgl. S. 18ff.).

An dieser Stelle sei nur noch an alle die Fehler erinnert, die aus der in der Praxis nur selten ausreichend berücksichtigten „Dynamik" der Erfolgsrechnung entstehen können. Wenn sie hier nicht zur besonderen Erörterung gestellt wird, so geschieht das deshalb, weil sie den hier vorgetragenen Gedankengängen nicht entgegensteht, sondern übergelagert ist. Zudem ist das Problem in mustergültiger Weise von Schmalenbach behandelt worden[1]. Auf die große Wichtigkeit der dynamischen Kostenbehandlung zum Zwecke der Vervollkommnung der Erfolgsrechnung muß aber dringend hingewiesen werden.

Die Ausschaltung der von der Warenseite herkommenden Schwankungen ist, auch wenn sie nur vereinzelt und in verhältnismäßig engen Grenzen auftreten, für die getrennte Doppelrechnung besonders wichtig, weil Wertschwankungen sich praktisch auf die Bilanz (z. B. bei körperlicher Inventur) anders auswirken können als auf die Gewinn- und Verlustrechnung. Die hier vorausgesetzte Ausschaltung kann durch Verwendung einheitlicher Verrechnungswerte erreicht werden.

Anders geartet ist wiederum die Frage der Beeinflussung der Kosten durch schwankenden Beschäftigungsgrad. Es liegt die Annahme nahe, daß z. B. die Tatsache der Kostensteigerung bei sinkendem Beschäftigungsgrad ebenfalls zu Fehlern in der Abrechnung führen müsse. Das ist aber nicht der Fall, sofern nur alle in dem Rechnungsabschnitt entstandenen Kosten in die Abrechnung einbezogen werden. Ob diese Kosten in jeweils richtiger Höhe dem einzelnen Erzeugnis angerechnet werden oder als nicht verrechneter Restbetrag eingesetzt werden, ist für das Erfolgsergebnis im Ganzen gleichgültig. Nicht gleichgültig ist diese

[1] Vgl. Schmalenbach: Dynamische Bilanzlehre.

Frage dagegen für die uns später beschäftigende Aufteilung des Erfolges nach Erzeugnissen oder nach Absatzgebieten.

Wir sehen also, daß die Durchführung einer selbständigen Gewinn- und Verlustrechnung neben der selbständigen Bilanzrechnung nicht nur in der Theorie der doppelten Buchführung gefordert wird, sondern daß diese Doppelrechnung auch praktisch durchführbar ist. Ich bin weit davon entfernt, zu behaupten, daß die getrennte doppelte Erfolgsrechnung praktisch ganz allgemein im Rahmen der Möglichkeiten der Doppik läge. Ich habe oben darauf hingewiesen, daß sie z. B. in der chemischen Industrie, im Bankgewerbe, in Verkehrsbetrieben vermutlich nicht allgemein angängig ist. Positiv behaupten möchte ich es dagegen für die Industrien, in denen die Kosten für die einzelnen Erzeugnisse mit hinreichender Exaktheit nachgewiesen werden können, also z. B. für die gesamte eisen- und metallverarbeitenden Industrien, deren Verhältnisse mir praktisch bekannt sind. Insbesondere liegt auch die Annahme nahe, daß die getrennte Rechnung überall da praktisch durchführbar ist, wo die Ermittlung der Kosten für das einzelne Erzeugnis auf dem einfachen und außerordentlich genauen Wege der Kostendivision erfolgen kann. Ich verweise auch auf die bekannte Schrift: „Grundlagen der Betriebsrechnung in Maschinenbauanstalten" von Herbert Peiser[1], in der ein Abrechnungsverfahren dargestellt wird, das die Durchführung einer von der Bilanzrechnung unabhängigen, selbständigen Gewinn- und Verlustrechnung vorsieht[2].

Als weitere Einschränkung wurde bereits gekennzeichnet, daß die getrennte direkte Rechnung nur für den Umsatzerfolg, nicht dagegen auch für den Erfolg im ruhenden Vermögen durchgeführt werden kann. Dieser Teil des Erfolges wird, soweit er in der Bilanz ziffernmäßig ausgedrückt werden kann, so wie er ist, in die Gewinn- und Verlustrechnung übernommen. Bezüglich dieser Ziffern gilt in jedem Fall das, was Schmalenbach das doppelte Addieren gleicher Zahlen nennt. Die Einschränkung, die hinsichtlich des Erfolges im ruhenden Vermögen gemacht werden muß, hat praktisch nicht viel zu bedeuten. Denn einmal spielt der Markterfolg in der Industrie eine untergeordnete Rolle. Und da ferner

[1] Verlag von Julius Springer, Berlin.

[2] Auf dieser oder ähnlicher Grundlage führen auch heute Unternehmungen die getrennte doppelte Erfolgsrechnung durch.

die Möglichkeit gegeben ist, den Markterfolg durch Führung von Marktdifferenzkonten zu eliminieren, kann man ihn für den hier interessierenden Vergleichszweck entweder in die Gewinn- und Verlustrechnung übernehmen oder aus beiden Rechnungen, also sowohl aus der Bilanz, als auch aus der Gewinn- und Verlustrechnung ausscheiden. Es bleibt dann immer noch die Möglichkeit, auf die es hier ankommt, nämlich der Vergleich der beiden Rechnungsergebnisse zum Zwecke der Feststellung der Größenordnung der schon obenerwähnten außerplanmäßigen Aufwendungen.

Für diejenigen, die dadurch bekümmert werden, daß zwischen der Gewinn- und Verlustrechnung und der Bilanzrechnung ein mit der praktischen Handhabung der doppelten Buchführung nicht zu vereinbarender Differenzbetrag entstehe, sei hier angemerkt, daß diese Differenz über Gewinn- und Verlustkonto verbucht werden kann und daß hiermit die Buchführung „auf den Pfennig" stimmend gemacht werden kann. In der Praxis wird natürlich diese Differenzziffer durch eine derartige Verbuchung nicht aus der Betrachtung ausgeschaltet, sondern sie bietet Stoff für außerordentlich wichtige und je nach Sachlage auch ausgedehnte Nachforschungen, auf Grund deren man sich ein Urteil bilden muß, welche Ziffer als endgültige Erfolgsziffer zu betrachten ist. Hierüber müssen einige Worte gesagt werden.

Die doppelte Buchführung gewährleistet zweifellos außerordentlich wichtige Kontrollen in der industriellen Praxis. Diese Kontrollen erstrecken sich in erster Linie auf den Geldverkehr. Man darf aber von der Doppik nur das verlangen, wozu sie befähigt ist. Es muß gewarnt werden vor der in der Praxis hier und da zu beobachtenden Auffassung, als sei eine stimmende doppelte Buchführung der Beweis dafür, daß „alles in Ordnung ist". Die Doppik kann natürlich nur solche Geschäftsvorfälle kontrollieren, die in irgendeiner buchungsfähigen Form Eingang in sie gefunden haben. Sie kann dagegen nicht ohne weiteres Angaben machen über Vorgänge, mit denen sie nicht befaßt worden ist. So findet z. B. ein Diebstahl von Material nur insofern einen Widerhall in der doppelten Buchhaltung, als am Ende des Jahres der Inventurbestand um das entsprechende Warenquantum geringer ist und auch das Erfolgsergebnis um den gleichen Betrag verschoben wird. Von der Tatsache des Diebstahls weiß die Buchhaltung dagegen nichts; es sei denn, daß die Art der Fabrikation eine sich über das gesamte Material erstreckende Lagerung und Zwischenlagerung nebst zugehöriger Lagerbuchführung gestattet, die den Diebstahl feststellen kann. Ähnlich liegt es mit dem Fall, daß falsche Lieferantenrechnungen anerkannt und bezahlt werden. Oder daß Lieferantenrechnungen doppelt anerkannt und bezahlt werden. Oder daß Geldbeträge durch unberechtigte Bar- oder Banküberweisungen abfließen. Über derartige Fälle „außerplanmäßiger Aufwendungen" kann die doppelte Buchführung ohne weiteres nichts aussagen. Dazu wird sie erst, wenigstens in gewissen Grenzen[1], befähigt durch die getrennte doppelte Erfolgsermittlung. Denn da die Gewinn- und Verlustrechnung derartige Fälle *nicht* mit verrechnet, die Bilanz dagegen die materielle Auswirkung dieser Fälle berücksichtigt, muß die sich ergebende Differenz die Größenordnung dieser außerplanmäßigen Aufwendungen widerspiegeln. Diese Differenz ist zwar, wie wiederholt betont sei, keine exakte Ziffer, aber es ist in der Praxis schon außerordentlich viel wert, wenn überhaupt die Aufmerksamkeit des verantwortlichen Leiters eines Unternehmens auf das etwaige Bestehen solcher außerplanmäßigen Aufwendungen gelenkt wird.

Bei den vorstehenden Ausführungen wurde stillschweigend vorausgesetzt, daß die Berechnung der Erzeugniskosten auf Grund durchgeführter *Nachrechnungen* erfolgt. Es gibt jedoch, wie bereits schon erwähnt wurde, auch Unternehmungen, deren besondere Verhältnisse so liegen, daß auf eine durchgehende *Nachrechnung* verzichtet, dagegen die *Vorrechnung* mit stichprobenweiser Nachrechnung durchgeführt wird. In derartigen Fällen ist die Durchführung der selbständigen Gewinn- und Verlustrechnung noch viel wichtiger. Denn dann enthält die Differenz zwischen Gewinn- und Verlustrechnung und Bilanz auch den Unterschied der wirklich verbrauchten Erzeugungskosten gegenüber den *vorgerechneten* Kosten. Diese Ziffer kann allerdings in der Regel auch auf andere Weise ermittelt werden.

Diese kurzen Hinweise bezeugen zur Genüge, daß die Praxis ein außerordentliches Interesse an der Durchführung einer selbständigen Gewinn- und Verlustrechnung hat.

---

[1] Verluste infolge unterlassener oder falscher Fakturierung gelieferter Ware werden z. B. nicht ermittelt.

4. Fehlerquellen bei der Ermittlung der Ziffern für Aufwand, Ertrag, Anfangsbestände und Endbestände.

Es wurde oben bereits darauf hingewiesen, daß der verbleibende Differenzbetrag nur dann die Summe der außerplanmäßigen Kosten darstellt, wenn sowohl die Gewinn- und Verlustrechnung, als auch die Bilanz richtig sind. Richtigkeit im Sinne einer exakten Rechnung kann man, wie wir schon sahen, bei keiner der beiden Rechnungen fordern. Man muß sich mit der Richtigkeit der Größenordnung zufrieden geben und muß Abweichungen, wie sie durch die erforderlichen Schätzungen unvermeidlich sind, mit in Kauf nehmen.

Eine ungefähre Vorstellung der Größenordnung dieser Fehler kann sich aber ergeben, wenn man die Posten im einzelnen betrachtet: In der Gewinn- und Verlustrechnung stehen sich die beiden Größen Ertrag und Aufwand gegenüber. Die Feststellung des Ertrages erfolgt einfach durch Addition der für die umgesetzten Waren ausgestellten Rechnungsbeträge. Wenn diese Beträge im Laufe der zu betrachtenden Rechnungsperiode sämtlich als Erlöse hereingekommen sind, wie es z. B. bei Verkauf gegen bare Kasse oder Vorkasse der Fall sein kann, so kann die Ertragsziffer tatsächlich exakt berechnet werden. In der Regel muß man aber mit Erlösschmälerungen der verschiedensten Art rechnen. Insbesondere muß bei Lieferung gegen Ziel mit Ausfällen gerechnet werden. Die Höhe dieser Ausfälle kann in der Regel nicht exakt errechnet werden, sie muß vielmehr vor Abschluß der Erfolgsrechnung unter Berücksichtigung aller vorliegenden Umstände geschätzt werden. Die aus dieser Quelle fließenden Fehler fälschen zwar das absolute Erfolgsergebnis, sie üben jedoch auf das Vergleichsergebnis keine Wirkung aus, da dieselben Abweichungen ja auch in der Bilanz auftreten.

Die Genauigkeit der Ermittlung des Aufwandes hängt hauptsächlich von der Qualität der Selbstkostenermittlung ab. Wenn die Gewinn- und Verlustrechnung als selbständige Rechnung durchgeführt werden soll, muß natürlich eine entsprechend hoch ausgebildete Betriebsbuchhaltung und ebenso eine zur Erfassung der Kosten geeignete, tadellos arbeitende Betriebsorganisation vorausgesetzt werden. Eine Erörterung dieses ganzen Fragenkomplexes würde hier zu weit führen. Die genaue Kenntnis, wie die Einrichtungen beschaffen sein müssen, um eine genaue Kostenermittlung zu gewährleisten, wird als bekannt vorausgesetzt. Es besteht darüber außerdem eine große Literatur. Betont werden soll hier nur, daß es natürlich keinen Sinn hat, den Versuch einer direkten Gewinn- und Verlustrechnung zu machen, wenn der angedeutete organisatorische Unterbau nicht da ist und einwandfrei arbeitet. Es sei also vorausgesetzt, daß eine hoch entwickelte Kostenermittlungsorganisation zur Verfügung steht. Dann ist die Annahme erlaubt, daß die Umsatzkosten mit großer Genauigkeit errechnet werden. Immerhin muß auch in den günstigsten Fällen mit Fehlern, die im Vom-Hundert-Satz gerechnet nur sehr klein sein dürfen, gerechnet werden.

Größere Fehler der Kostenrechnung kommen in der Hauptsache aus den Schätzungen für Wertminderungen. Aber auch für die so entstehenden Fehler gilt, daß sie in gleicher Höhe in der Bilanzrechnung erscheinen und daher nicht zur Auswirkung kommen.

Fehlern, die sich daraus ergeben, daß die Lagerbestände aus verschiedenen Betriebsaufträgen bestehen und demgemäß unterschiedliche Selbstkosten haben, kann man durch Bildung von Durchschnittskosten begegnen.

Die übrigen Arten von Aufwendungen können in der Regel mit ziemlich großer Genauigkeit ermittelt werden. Dabei ist vorausgesetzt, daß die Fehler aus der Dynamik der Kosten sowie aus den Geldwert- und Sachwertschwankungen durch geeignete Maßnahmen ausgeschaltet seien, soweit es möglich ist.

Wir sehen also, daß in der Gewinn- und Verlustrechnung mit gewissen Fehlern gerechnet werden muß, die um so geringer sind, je genauer die Selbstkostenermittlung arbeitet.

Bei der Bilanzrechnung, die einen Vergleich der Endbestände mit den Anfangsbeständen darstellt, liegen die Dinge weniger einfach. Es sei zunächst der Fall angenommen, daß der Erfolg rein buchmäßig ohne praktische Inventur durch Abschluß der Konten errechnet wird. Auch die Ziffern der Wertvorräte an Waren, Halbfabrikaten und Rohstoffen seien von den laufend geführten Bestandskonten entnommen. Weiter sei angenommen, daß Markterfolge durch laufende Verbuchung auf besonderen Markterfolgskonten ausgeschieden worden seien, wie das praktisch möglich ist und auch praktisch geübt wird. Dann ist es zunächst eine Frage der Genauigkeit, mit der diese Bestandskonten während des Abrechnungsabschnittes geführt worden sind, ob die Fehler groß oder klein sind. Insbesondere spielt eine Rolle, ob Verluste an Beständen durch zufälligen Untergang, durch Verderben oder auch durch Diebstahl regelmäßig als Abgang gebucht worden sind.

Sehr erhebliche Wertverschiebungen können insbesondere bei den Beständen an Waren, Halbfabrikaten und Rohstoffen eintreten. Je nach Art und Wert dieser Gegenstände kann der Diebstahl eine überragende Bedeutung haben. Erhebliche Wertminderungen können sich auch daraus ergeben, daß vorhandene Vorräte bei Konstruktionsänderung oder bei Übergang zu höheren Qualitäten auf den Schrottwert herabsinken. Wenn alle derartigen Entwertungsmöglichkeiten laufend mit peinlicher Sorgfalt kontrolliert und im Falle des Eintritts verbucht werden, kann die rein buchmäßige Inventur sehr genau sein. In der Praxis ist zu beobachten, daß große Betriebe sich vielfach längere Zeiträume hindurch auf die rein buchmäßige Inventur verlassen. Wird aber die Bestandsbuchführung nicht in sorgsamster Weise gehandhabt, so kann sie zu ganz einschneidenden Fehlern führen. Dann ist die körperliche Inventur unter allen Umständen geboten.

Die körperliche Inventur soll, streng genommen, eine Schätzung der vorgefundenen Vermögensteile sein. In der reinen Form der Schätzung wird sie aber praktisch nur ausnahmsweise durchgeführt. In der Praxis ist das, was man körperliche Inventur nennt, in der Regel ein Mittelding zwischen körperlicher und buchmäßiger Inventur.

Bei der körperlichen Inventur werden die festen Vermögenswerte in der Regel unter Zuhilfenahme der vorhandenen Aufschreibungen mit dem Hilfsmittel der auf Erfahrungssätzen beruhenden Abschreibungen bewertet. Dabei ist zu beachten, daß die Höhe der Abschreibungen bei richtiger Handhabung aus der Gewinn- und Verlustrechnung übernommen werden muß. Sofern sich am Ende des Rechnungsabschnittes ergibt, daß die in der Kostenrechnung veranschlagten Abschreibungen nicht richtig waren, können Differenzbeträge entstehen, die zu denjenigen (oben angeführten) Aufwendungen gehören, die unmittelbar über Gewinn- und Verlustkonto verbucht werden.

Bargeld wird gezählt.

Die Vorräte an Waren, Halbfabrikaten und Rohstoffen werden gezählt, gewogen oder gemessen und mit Einzel- oder Durchschnittspreisen bewertet. Mit Ausnahme des Bargeldes, dessen Wert ohne weiteres exakt ermittelt werden kann, sind alle übrigen Bewertungen von Fehlern behaftet. Die Fehler in der Schätzung der Wertminderungen der festen Vermögensteile können dabei für unsere Zwecke wieder ausgeschaltet werden, da diese in gleicher Höhe in der Gewinn- und Verlustrechnung auftreten.

Von hoher Wichtigkeit sind aber die Fehler, die sich aus der Bewertung der Waren und Vorräte ergeben können. Die Quellen liegen einerseits in den Fehlern beim Zählen, Wiegen, Messen usw., andererseits hauptsächlich in der Bewertung der in Arbeit befindlichen Zwischenfabrikate. Diese Fehler können ganz erheblich sein und das Erfolgsergebnis einschneidend beeinflussen. Ein Beispiel mag das kurz beleuchten: Eine Maschinenfabrik mit einem Vermögen von 5 Millionen Mark möge ein Lager an Zwischenfabrikaten von 1,5 Millionen Mark haben. Diese Ziffer stimmt mit mittleren Verhältnissen der Praxis überein. Ein Gesamtfehler von 5 vH macht einen Betrag von 75000 M. oder $1^1/_2$ vH des Kapitals aus. Wenn sich dieser Fehler in zwei aufeinanderfolgenden Inventuren entgegengesetzt, also einmal im Sinne der Überschätzung und das nächste Mal im Sinne der Unterschätzung einstellt, wird der Fehler verdoppelt. Hier liegen also große Fehlermöglichkeiten vor. Immerhin dürfte eine derartige körperliche Inventur, zumal wenn sie die oben gekennzeichneten Wertminderungen berücksichtigt — Bestandseinbußen durch Diebstahl werden ja bei der körperlichen Inventur ohnehin berücksichtigt —, einer reinen buchmäßigen Inventur vorzuziehen sein, die die Werteinbußen durch Verderb, Diebstahl, Konstruktions- oder Qualitätsänderungen usw. n i c h t berücksichtigt. Welche Art der Inventur, ob körperliche oder bestandsbuchmäßige mit laufender Kontrolle aller Werteinbußen, zu wählen ist, hängt zum wesentlichen Teil auch von dem Umfang des Betriebes ab. Dabei muß allerdings darauf hingewiesen werden, daß im Falle der buchmäßigen Inventur, die ja auf der Gleichung

$$\text{Endbestand} = \text{Anfangsbestand} + \text{Zugang} - \text{Abgang}$$

aufgebaut ist, die Ziffer „Abgang" nicht etwa aus der Gewinn- und

Verlustrechnung ermittelt werden darf. Wenn die Bilanz eine selbständige Rechnung sein soll, ist vielmehr nur die Rechnung auf Grund weitgehend unterteilter Bestandskonten, auf denen Zugang und Abgang entsprechend den tatsächlichen Zulieferungen und Entnahmen verbucht werden, zulässig. Die Verwendung einer im Rahmen der Gewinn- und Verlustrechnung ermittelten Inventurziffer würde nämlich ebenso zu einer nur scheinbaren Doppelrechnung führen, wie die heute allgemein übliche Rechnungsart, bei der die Aufwandziffer aus der Bilanz in die Gewinn- und Verlustrechnung übertragen wird. Der einzige Unterschied läge bei dieser Art der Rechnung darin, daß die Gewinn- und Verlustrechnung die selbständige, die Bilanz dagegen die abgeleitete Rechnung wäre.

Wir haben hiermit diejenigen Fehlerquellen der Erfolgsrechnung geprüft, die gewissermaßen als Begleiterscheinungen der beiden Rechnungen mit in Kauf genommen werden müssen. Beide Rechnungen sind Annäherungsrechnungen, von denen schwer zu sagen ist, ob die eine oder die andere Rechnung die Wahrscheinlichkeit größerer Genauigkeit in sich birgt. Ich neige zu der Auffassung, daß beim Vorhandensein einer zuverlässig arbeitenden Selbstkostennachrechnung und entsprechender Betriebsorganisation die Gewinn- und Verlustrechnung innerhalb ihrer Grenzen mindestens ebenso genaue Ergebnisse liefern kann, wie die Bilanzrechnung.

5. Die „stillen Reserven“ können zu besonders einschneidenden Fehlern in der Bilanzrechnung führen.

Noch günstiger für die Gewinn- und Verlustrechnung gestaltet sich dieses Urteil, wenn wir diejenigen Fehler der Bilanzrechnung unter die Lupe nehmen, die in der Praxis sehr häufig infolge mangelhafter Durchdenkung der Zusammenhänge gemacht werden und daher vermieden werden können. Hier handelt es sich um Fehler, die erheblich größer sein können als die seither beobachteten, und die in der Hauptsache daraus entspringen, daß die Vermögenswerte nicht in voller Höhe, sondern nur mit einem Bruchteil des Wertes eingesetzt werden und daß hierdurch stille Reserven gelegt oder gelöst werden, die das Erfolgsergebnis von Grund auf fälschen.

Zur Klärung dieser Zusammenhänge muß etwas tiefer gegriffen werden:

Es ist eine der nicht endenwollenden Streitfragen der Betriebswissenschaft, ob die Bilanz eine Vermögensrechnung oder eine Erfolgsrechnung darstellt. Die Meinungen sind geteilt. Ich neige zu der Auffassung, daß die Bilanz keine Vermögensrechnung in dem Sinne darstellt, daß die algebraische Summe der Aktiven und Passiven das Vermögen darstellt oder darstellen kann. Diese Forderung ist aus mehreren Gründen abzulehenen. Zunächst ist entgegenzuhalten, daß der Begriff des Vermögens ganz verschieden ist, je nachdem, ob es sich um Liquidation, Steuer, Kapitalaufnahme, Fusion oder um andere Fragen handelt. Ferner ist das Vermögen eines Unternehmens nicht gleich der Summe einzelner Bestände, sondern es ist ein mehr oder weniger ideeller Wert, der nur von der Seite der in der Zukunft liegenden Rentabilität aus gefaßt werden kann. Und schließlich stehe ich mit Schmalenbach auf dem Standpunkt, daß die Praxis kein besonders großes Interesse daran hat, daß die Bilanz gleichzeitig den Vermögensstand angibt. Die Praxis hat ein viel größeres Interesse daran, daß die Bilanz zu einer genauen Erfolgsrechnung gestaltet wird.

Ich gehe aber andererseits nicht soweit, zu sagen, daß es gleichgültig sei, ob die Bilanzposten hoch oder niedrig gehalten werden, sofern nur die Kontinuität gewahrt bleibe. Denn die Unterbewertung der einzelnen Vermögensteile, die in der Regel zu Zeiten guter Rentabilität zum Zwecke der Schaffung stiller Reserven erfolgt und gegen die auch vom Standpunkt einer gesunden Wirtschaftspolitik nichts einzuwenden ist, sofern sie in vernünftigen Grenzen bleibt, kann bei der Erfolgsrechnung zu den gröbsten Fehlern führen. Daß durch die Unterbewertung tatsächlich ganz grobe Fehler entstehen können, wollen wir an einem kurzen Beispiel, das praktischen Verhältnissen angepaßt ist, betrachten. Die Anfangsbilanz eines Unternehmens habe folgendes Gesicht:

Aktiva.			Passiva.		
Grundstücke	1000000	—	Kapital	5000000	—
Gebäude	500000	—	Kreditoren	1000000	—
Betriebsanlagen	400000	—			
Bargeld und Bankguthaben	100000	—			
Debitoren	2000000	—			
Bestand an Waren und in Arbeit befindlichen Erzeugnissen u. Rohstoffen	2000000	—			
	6000000	—		6000000	—

Die Endbilanz habe folgende Gestalt:

Aktiva.				Passiva.		
Grundstücke		800000	—	Kapital	5000000	—
Gebäude	500000.—			Kreditoren	1000000	—
2 vH Abschr.	10000.—			Gewinn	190000	—
	490000.—					
Zugang	100000.—	590000	—			
Betriebsanlagen		400000	—			
Bargeld und Bankguthaben		100000	—			
Debitoren		2700000	—			
Bestand an Waren usw.		1600000	—			
		6190000	—		6190000	—

Der errechnete Gewinn beträgt demgemäß 190000 M. Nun sei aber folgendes zu berücksichtigen:

Der Bestand an Waren und Vorräten sei in der Anfangsbilanz mit zwei Drittel des vollen Herstellungswertes aktiviert. Der mengenmäßige Bestand sei am Ende des Rechnungsabschnittes um 20 vH gesunken, der verbleibende Rest sei wiederum mit zwei Drittel des vollen Wertes, also mit 1600000 M. eingesetzt. Das heißt, daß in dem Bilanzposten „Bestand an Waren und in Arbeit befindlichen Erzeugnissen und Rohstoffen" der ersten Bilanz eine stille Reserve von 1000000 M., in dem gleichen Bilanzposten der zweiten Bilanz nur noch eine stille Reserve von 800000 M. steckt. Die stillen Reserven aus diesem Bilanzposten sind also um 200000 M. vermindert worden. Mithin ist auch der Bilanzgewinn um den Betrag dieser gelösten stillen Reserven gefälscht worden. Der bilanzmäßig ausgewiesene Gewinn von 190000 M. ist in Wirklichkeit gar nicht vorhanden, sondern es liegt im Gegenteil ein echter Verlust von 10000 M. vor.

Die Fehler, die sich aus der Unterbewertung der Bestände an Waren und Vorräten ergeben können, sind seither, soweit ich beobachten konnte, in der Praxis fast allgemein unberücksichtigt geblieben. Ob man bei der Aufstellung der nach außen in Erscheinung tretenden Wirtschaftsbilanz im vorstehenden Falle den Gewinn von 190000 M. unter Zuhilfenahme früher gelegter stiller Reserven ausweist oder nicht, ist eine Frage, die hier nicht zur Erörterung steht. Im Sinne der Vervollkommnung des internen Rechnungswesens ist eine derartige Handhabung aber unzulässig. Es muß gefordert werden, daß bei Rechnung mit Bilanzposten, die stille Reserven enthalten, die entsprechenden Differenzbuchungen gemacht werden.

Dabei ist zu beachten, daß diese aus den stillen Reserven resultierenden Fehler in der Regel lediglich bei dem Bilanzposten „Bestand an Waren usw.“ in Erscheinung treten können, weil diese Bilanzziffern bei der üblichen Handhabung nicht durch wertmäßige Zu- und Abschreibung aus einem laufend geführten Konto, sondern durch die Inventur, d. h. durch Neubewertung, gefunden werden.

Das Rechnen mit stillen Reserven bei anderen Vermögensteilen, wie z. B. Grundstücken oder Gebäuden, führt in der doppelten Buchführung selbsttätig zu der Ausschaltung derartiger Fehler, sofern die entsprechenden Bilanzziffern als Salden der Bestandskonten gewonnen werden.

Grundsätzlich ist hierzu noch zu sagen, daß das Rechnen mit stillen Reserven in den Warenbeständen deshalb zu Fehlern führt, weil der in jeder Bilanz erscheinende Vermögensteil „Geld“ eine stille Unterbewertung nicht zuläßt. Sobald reine Geldwerte in der Bilanz auftauchen, ist die Möglichkeit gegeben, daß stille Reserven gelöst oder gebildet werden mit der Wirkung, daß die Erfolgsergebnisse von Grund auf gefälscht werden können.

Bilanzen, die mit derartigen Fehlern behaftet sind, können naturgemäß erheblich geringeren Anspruch auf Genauigkeit machen als Gewinn- und Verlustrechnungen, die mit Sorgfalt durchgeführt sind.

6. Die Unterteilung des Erfolges vermittels der Gewinn- und Verlustrechnung.

In den vorstehenden Ausführungen ist geklärt worden, daß die Gewinn- und Verlustrechnung als selbständige Rechnung neben der Bilanz in praktisch wertvoller Weise durchgeführt werden kann und daß diese getrennte doppelte Erfolgsrechnung zu wichtigen Vorteilen führen kann. Weiter wurde gezeigt, wie die Genauigkeit der Erfolgsrechnung in mancher Hinsicht gesteigert werden kann.

Wenn wir uns nun in die Lage des verantwortlichen Leiters eines Industrieunternehmens versetzen, so erkennen wir zwar die direkte Gewinn- und Verlustrechnung als einen sehr wesentlichen Fortschritt an. Wir sind aber dennoch nicht restlos befriedigt. Denn es genügt uns nicht, daß wir den Erfolg als Ganzen kennen, während uns doch bekannt ist, daß dieser Gesamterfolg aus einer ganzen Anzahl von Einzelerfolgen zusammengesetzt ist. Für unsere geschäftlichen und betrieblichen Dispositionen bedürfen wir der Kenntnis, aus welchen Einzelerfolgen sich die Gesamterfolgsziffer zusammensetzt. Eine ganze Reihe von Fragen möchten wir beantwortet haben. Wie waren die Erfolgsanteile der einzelnen Monate? Welcher Erfolgsanteil entfällt auf die einzelnen Erzeugnisarten? Wie war der Erfolg aus dem Inlandsgeschäft, wie aus dem Export? Welchen Anteil haben die einzelnen Filialen oder Vertreter? Nach derartigen Gesichtspunkten wird in der Regel die Umsatzstatistik gegliedert. Aber die Kenntnis der Umsätze allein genügt nicht, die Umsatzziffer erhält ihren vollen Wert erst aus der Ergänzung durch die zugehörige Erfolgsziffer. Bei Unternehmungen, die ausschließlich große Objekte in Einzelanfertigung anfertigen und die Selbstkostenrechnungen demgemäß für diese Einzelobjekte, so wie sie verkauft werden, getrennt durchführen können, sind die getrennten Erfolgsziffern ohne weiteres bekannt. Diese klaren Abrechnungsgrundlagen, wie sie bei der reinen Einzelfertigung vorliegen, sind in der Praxis aber sehr selten. Bei weniger einfachen Verhältnissen kann man sich auch dadurch helfen, daß man die normalen Gewinn- oder Verlustspannen, wie sie sich aus den Kalkulationen der einzelnen Erzeugnisse ergeben, der Betrachtung zugrunde legt und so zu einer geschätzten Aufteilung des Erfolges gelangt. Diese Schätzungen sind aber in der

Regel sehr roh und fehlerhaft. Denn jeder Praktiker, der es mit einigermaßen ausgedehnten Absatzgebieten zu tun hat, weiß, zu welch unterschiedlichen Konditionen in der Regel die verschiedenen Märkte beliefert werden müssen. Dabei ist es fast unmöglich, alle Unterschiede der Rabatte, Sonderrabatte, Skonti, Frachtvergütungen, Diskontspesennachlässe usw. ohne weiteres hinsichtlich ihrer Wirkung auf Gewinn oder Verlust einzuschätzen.

Die Forderung nach Gliederung des Erfolges ist nicht neu. Es darf daran erinnert werden, daß z. B. die zeitliche Gliederung, die sich in der Durchführung von kurzfristigen Zwischenbilanzen ausdrückt, heute schon in der Praxis recht häufig durchgeführt wird. Dabei ist zu beobachten, daß die Durchführung dieser Zwischenrechnung, die in der Regel als Bilanzrechnung gehandhabt wird, in der Praxis mit weitgehenden Kompromissen behaftet und häufig sogar nur das Rudiment einer ordnungsgemäßen Erfolgsrechnung ist. Und zwar liegen die in der Zwischenrechnung zu überwindenden Schwierigkeiten in der Regel hauptsächlich in der Ermittlung der Ziffer für die Waren und Vorräte. Denn einerseits ist es in der Regel nicht angängig, in kurzen Zeiträumen, z. B. allmonatlich, eine körperliche Inventur zu machen, andererseits erfordert die Durchführung einer sog. permanenten buchmäßigen Inventur, wenn sie sich auf sämtliche Bestände an Roh- und Hilfsstoffen, Zwischenfabrikate und Fertigfabrikate erstrecken soll, häufig ein wirtschaftlich untragbares Maß von Arbeit und Kosten. Da diese Schwierigkeiten in der Praxis nicht immer ohne weiteres überwunden werden können, helfen sich die Betriebe, die die monatliche Zwischenrechnung durchführen, auch so, daß sie den jeweiligen Bestand an Waren und Vorräten vermittels der Zu- und Abschreibung aus der Gleichung

$$\text{Anfangsbestand} + \text{Zugang} - \text{Abgang} = \text{Endbestand}$$

feststellen. Gegen diese Art der Rechnung ist an sich nichts einzuwenden, sofern man dabei darüber im klaren bleibt, daß die Ziffern für den Aufwand aus der Gewinn- und Verlustrechnung entnommen werden, und daß mithin die so gefundene Bestandsziffer keine Ist-Ziffer, sondern eine Soll-Ziffer darstellt, von der der wirkliche Bestand an Waren und Vorräten abweichen kann und in der Regel auch abweichen wird.

Statt dieser Art der monatlichen Zwischen-Bilanzrechnung kann man naturgemäß auch eine Zwischen-Gewinn- und -Verlustrechnung machen. Die Durchführung der Gewinn- und Verlustrechnung liegt besonders in solchen Fällen nahe, in denen die Bilanzrechnung auf dem oben gekennzeichneten Umweg über die Gewinn- und Verlustrechnung erfolgt. Da bei dieser Handhabung sowohl die Gewinn- und Verlustrechnung als auch die Bilanzrechnung zwei Spielarten ein und derselben Rechnung sind, mithin zu gleichen Ergebnissen kommen müssen, ist von Fall zu Fall, je nach Lage der Dinge, zu entscheiden, ob man die eine oder die andere Art der Rechnung wählt.

Die Durchführung sowohl der einen als auch der anderen Rechnung ist praktisch wertvoll, wenn beide Rechnungen als getrennte selbständige Ermittlungen gemacht werden. Das würde also heißen, daß die Bilanzziffer für die Waren und Vorräte selbständig und unabhängig von der Gewinn- und Verlustrechnung gefunden werden muß. Wenn diese Möglichkeit vorliegt, dann stellen auch die Zwischen-Gewinn- und -Verlustrechnung sowie die Zwischen-Bilanzrechnung tatsächlich getrennte Rechnungen dar und können demgemäß auch zu getrennten Erfolgsergebnissen führen. Die Differenz zwischen den beiden Ergebnissen stellt dann die in dem betreffenden Zwischenabschnitt entstandenen außerplanmäßigen Aufwendungen dar, von denen schon früher die Rede war. Es bedarf keiner besonderen Begründung, daß die nach Monaten oder anderen kürzeren Zwischenräumen erfolgende Erfassung dieser Ziffer praktisch sehr bedeutungsvoll sein kann. Nur muß in jedem Falle geprüft werden, ob dieses Ziel mit einem wirtschaftlich tragbaren Maß von Arbeit erreicht werden kann.

Wir sehen also, daß die zeitliche Gliederung des Erfolges durch die Einschaltung von Zwischenrechnungen praktisch durchgeführt werden kann und auch bereits in der Praxis sehr häufig durchgeführt wird. Anders geartet ist die Rechnung, die den Erfolg nach Absatzgebieten oder nach Erzeugnissen gliedern soll.

Die Unterteilung des Erfolges nach Absatzgebieten oder nach Erzeugnissen kann grundsätzlich nur aus der Gewinn- und Verlustrechnung, nicht dagegen aus der Bilanzrechnung nachgewiesen werden. Der dieser Rechnung zugrunde liegende Gedanke ist folgender: Die Gewinn- und Verlustrechnung ist aufgebaut auf der Gleichung

$$\text{Ertrag} - \text{Aufwand} = \text{Gewinn oder Verlust.}$$

Wenn es praktisch möglich ist, die Ertragsziffer so zu unterteilen, daß die Erträge einerseits nach den verschiedenen Absatzgebieten und andererseits nach den verschiedenen Erzeugnissen gesammelt werden, und wenn es andererseits möglich ist, die zu den einzelnen Erträgen gehörigen Aufwendungen festzustellen, so ergeben die Differenzen zwischen den einzelnen aufgelösten Erlösziffern und den zugehörigen Aufwandsziffern die ebenfalls aufgeteilten Erfolgsziffern. Die Unterteilung der Erlöse sowie die zugehörige Unterteilung der Aufwendungen ist praktisch tatsächlich möglich. Auch hier wiederum darf natürlich nicht erwartet werden, daß die Erfassung der Ziffern mit mathematischer Genauigkeit erfolgt. Der Charakter der Erfolgsrechnung als eine Annäherungsrechnung, der wie ein roter Faden immer wieder auftaucht, kann auch hier nicht ausgeschaltet werden. Wie diese Auflösung der Gewinn- und Verlustrechnung praktisch durchgeführt werden kann, werden wir später sehen. An dieser Stelle sei nur kurz untersucht, mit welchen Fehlern die ermittelten Ziffern der Erlöse und der Aufwände behaftet sind.

Wir haben oben bereits festgestellt, daß die Erfassung der Gesamtziffer des Ertrages dadurch erschwert wird, daß mit Erlösschmälerungen der verschiedensten Art gerechnet werden muß, die am Tage der Abrechnung noch unbekannt sind. Die hierdurch notwendig werdenden Schätzungen können mit mehr oder weniger großen Fehlern behaftet sein. Diese Überlegung gilt in ähnlicher Weise auch für die Ermittlung der Einzelerträge. Die auf die einzelnen Erlöse in Anrechnung zu bringenden Erlösschmälerungen sind sogar noch schwieriger zu schätzen als die gesamte Erlösschmälerung, bei der man immerhin einen Anhaltspunkt in Erfahrungssätzen hat. Man wird praktisch, ohne zu große Fehler zu machen, so verfahren können, daß man die geschätzte Gesamterlösschmälerung auf die Einzelerträge schlüsselmäßig verteilt.

Etwas schwieriger liegen die Dinge bei der Erfassung der Aufwendungen für die einzelnen Umsätze. Sinngemäß müssen zunächst die schon oben erwähnten Einflüsse berücksichtigt werden, die die wirklichen Kosten fälschen. Es sind dies Einflüsse, die teils auf fehlerhafte Schätzung, wie z. B. falsche Beurteilung der Wertminderung (Abschreibung), teils auf Fehler im Rechnungssystem, wie z. B. die Dynamik der Aufwendungen (die sich auch als Dynamik der Erträge geltend machen kann), oder auf Schwankungen der Geld- bzw. Sachwerte zurückzuführen sind. Soweit die Fehler durch Falschschätzung hervorgerufen sind, können sie in der Regel nicht durch Verbesserungen der Methode der Selbstkostenerfassung verringert werden. Hier kann nur Steigerung der Vorsicht beim Schätzen helfen.

Von besonderer Bedeutung wird bei der Ermittlung der einzelnen unterteilten Aufwandeziffern der Einfluß, der sich aus den Schwankungen des Beschäftigungsgrades ergibt. Für die Ermittlung des Gesamtaufwandes hatten wir oben gesehen, daß sich diese Fehler insofern ausgleichen, als die tatsächlich entstandenen Gesamtkosten in vollem Umfange berücksichtigt werden. Ob diese Berücksichtigung bei der Ermittlung der Kosten für die einzelnen Erzeugnisse erfolgt oder ob ein nicht verrechneter Rest an Aufwendungen als besondere Ziffer verrechnet wird, ist für die Erfassung des Gesamtaufwandes gleichgültig. Schwieriger gestaltet sich diese Rechnung, wenn es sich darum handelt, die genauen Unkosten für einzelne bestimmte Erzeugnisse festzustellen. Denn in diesem Fall muß, wenn die Fehler nicht allzu groß werden sollen, angestrebt werden, daß nach Möglichkeit die wirklichen Kosten von vornherein auf das einzelne Erzeugnis verrechnet werden und daß demgemäß der als Gesamtsumme zu verrechnende Rest möglichst klein gehalten wird. Soweit die Methode der Verrechnung der Unkosten durch Zuschläge angewendet werden muß, liegen die Schwierigkeiten darin, daß die Schwankungen im Beschäftigungsgrad, die unter Umständen ganz plötzlich auftreten können, nicht immer gleich beim Entstehen bzw. innerhalb des Zwischenrechnungsabschnittes berücksichtigt werden können. Zur Ausschaltung dieser Fehler ist daher besonderer Wert darauf zu legen, daß die Aufwandsrechnungen so gehandhabt werden, daß die wirklich entstandenen Kosten auf die in den gleichen Zeiträumen hergestellten Erzeugnisse möglichst restlos verrechnet werden. Die Fehler können sich insbesondere dann sehr stark bemerkbar machen, wenn die nach Erzeugnissen oder Absatzgebieten getrennte Gewinn- und Verlustrechnung als kurzfristige Zwischenrechnung durchgeführt wird. Die Fehler werden dagegen um so geringer, je länger die Rechnungsperiode ist. Es ist daher ratsam, für die nach Erzeugnissen oder Absatzgebieten unterteilten Gewinn- und Verlustrechnungen möglichst große Zeitabschnitte zugrunde zu legen.

Soweit die Kostenermittlung auf dem Wege der Divisionskalkulation erfolgen kann, werden die Einflüsse aus den Schwankungen des Beschäftigungsgrades selbstätig ausgeschaltet.

Im großen und ganzen kann gesagt werden, daß auch die bei der Aufwandsermittlung entstehenden Fehler bei vorsichtiger Handhabung nicht so groß sind, daß durch sie die einzelnen getrennten Erfolgsergebnisse in unzulässiger Weise beeinflußt werden.

7. Praktische Gesichtspunkte für die Durchführung der Gewinn- und Verlustrechnung als selbständiger Rechnung.

Nachdem wir uns darüber klar geworden sind, daß die Gewinn- und Verlustrechnung praktisch als selbständige Rechnung neben der Bilanzrechnung durchgeführt werden kann und daß diese Art der Rechnung aus den verschiedensten Gründen wesentliche praktische Vorteile in sich bergen kann, soll in einer kurzen Schlußbetrachtung noch auf einige Gesichtspunkte, die bei der praktischen Durchführung der selbständigen Gewinn- und Verlustrechnung zu beobachten sind, hingewiesen werden.

Es wurde bereits in den vorstehenden Ausführungen wiederholt festgestellt, daß die selbständige Gewinn- und Verlustrechnung grundsätzlich eine Gegenüberstellung von Ertrag und Aufwand, bzw. Erlös und Kosten der umgesetzten Güter, ist. Die Aufgabe besteht also offenbar darin, einerseits die Erlöse, andererseits die zugehörigen Kosten zu sammeln.

In der einfachsten Form würde also das Gewinn- und Verlustkonto folgende Gestalt haben:

Linke Seite:	Rechte Seite:
Summe der Kosten für die umgesetzten Güter.	Summe der Erlöse aus den umgesetzten Gütern.

Da wir aber schon oben erkannt haben, daß es einer der wichtigsten Vorteile der selbständigen Gewinn- und Verlustrechnung ist, daß sie nicht nur den Erfolg als ganzen, sondern die Einzelerfolge aus den einzelnen Geschäften nachweisen kann, gestaltet sich die Gegenüberstellung folgendermaßen:

Linke Seite:	Rechte Seite:
Summe der Kosten für	Summe der Erlöse aus
Umsatz 1	Umsatz 1
„ 2	„ 2
„ 3	„ 3
usw.	usw.

Dabei kann der in dem abzurechnenden Zeitabschnitt getätigte Gesamtumsatz beliebig weit nach Erzeugnissen oder nach Absatzgebieten unterteilt werden. Es ist auch zulässig, einen Teil des Umsatzes nach Absatzgebieten und den Rest nach Erzeugnissen abzurechnen, sofern die zur Verfügung stehenden Statistiken eine Gewähr dafür bieten, daß durch diese zusammengeschaltete Rechnung keine Überdeckungen eintreten, die das Gesamtergebnis fälschen. Wie weit man nach Erzeugnisarten oder nach Absatzgebieten (Vertreterbezirke, Länder, Filialen usw.) unterteilt, muß nach den jeweils vorliegenden praktischen Bedürfnissen entschieden werden.

In der vorstehenden Gegenüberstellung ist die Annahme gemacht, daß sowohl die Kosten als auch die Erlöse endgültige Nettowerte darstellen. Für die Praxis ist hierzu zu bemerken, daß die Aufschreibung sowohl der Erlöse als auch der Kosten in der obigen vereinfachten Form in der Regel nicht möglich ist. Es muß vielmehr berücksichtigt werden, daß sowohl die Erlösziffern als auch die Kostenziffern noch nachträglich Änderungen erfahren. Auf der Erlös-Seite muß damit gerechnet werden, daß nachträglich Minderungen eintreten, die als Erlösschmälerungen bezeichnet werden. Der Begriff der Erlösschmälerungen ist ja sowohl in der Theorie als auch der Praxis geläufig. Er bedarf daher keiner besonderen Erläuterung. Eine nachträgliche Steigerung der Erlöse kommt in der Regel nicht in Frage.

Auf der Kostenseite muß dagegen sowohl mit nachträglichen Kostenschmälerungen als auch mit nachträglichen Kostensteigerungen gerechnet werden. Kostenschmälerungen treten z. B. ein, wenn zwischen einem Bund der Eisenverbraucher und einem Rohstoffverband ein Abkommen mit rückwirkender Kraft abgeschlossen wird, auf Grund dessen den Verbrauchern nachträglich aus einer Ausgleichskasse Rückzahlungen für das durch die betreffende Firma in Gestalt von Fertig-Erzeugnissen exportierte Eisen gemacht werden. Oder wenn am Ende eines sich lange Zeit hinziehenden Steuerprozesses einem Unternehmen eine Gutschrift für früher zuviel gezahlte Steuern zuteil wird. Ein Fall von Kostensteigerung liegt vor, wenn bei Lohn- oder Gehaltsverhandlungen Erhöhungen mit rückwirkender Kraft vereinbart werden. Derartige nachträgliche Änderungen können nicht immer in der laufenden Rechnung berücksichtigt werden, sie müssen demgemäß auch in der Gewinn- und Verlustrechnung als besondere Posten erscheinen.

Eine weitere Umgestaltung erfährt das oben angegebene Schema für die Gewinn- und Verlustrechnung, wenn die Kosten nach der Methode der Kostenzuschlagsrechnung ermittelt werden. Denn bei dieser Rechnung muß in der Praxis berücksichtigt werden, daß die Summe der durch Kostenzuschläge eingedeckten Gemeinkosten in der Regel nicht übereinstimmen mit den in dem gleichen Zeitraum wirklich zu verrechnenden Gemeinkosten. Es bleibt in der Regel ein Rest übrig, den man als „überdeckte (bzw. nicht gedeckte) Gemeinkosten" bezeichnet. Da es häufig praktisch nicht, oder wenigstens nicht mit einfachen Mitteln, möglich ist, die Summe dieser Kosten auf die einzelnen Kostenträger zu verteilen, bleibt nichts anderes übrig, als auch diese Kosten in der Gewinn- und Verlustrechnung gesondert erscheinen zu lassen.

Unter Berücksichtigung der letzten drei Rechnungsposten gestaltet sich dann das grundsätzliche Schema für die Gewinn- und Verlustrechnung folgendermaßen:

Linke Seite:	Rechte Seite:
1. Summe der Kosten für Umsatz 1 „ 2 „ 3 usw.	1. Summe der Erlöse aus Umsatz 1 „ 2 „ 3 usw.
2. Nicht gedeckte Gemeinkosten	2. Überdeckte Gemeinkosten
3. Kostensteigerungen	3. Kostenschmälerungen
4. Erlösschmälerungen	

Es ist noch zu bemerken, daß die Ziffer 3 in Ziffer 2 eingerechnet werden kann, sofern die nachträglichen Kostensteigerungen bzw. Kostenschmälerungen Gemeinkosten darstellen.

Die neu hinzugekommenen Rechnungsposten Erlösschmälerungen, Kostenschmälerungen, Kostensteigerungen, nicht gedeckte bzw. überdeckte Gemeinkosten, unterscheiden sich von den Beträgen unter Ziffer 1 grundsätzlich dadurch, daß diese Beträge nicht nach Umsatzgeschäften geordnet sind, sondern nach den Zeitabschnitten, für die die Erfolgrechnung durchgeführt werden soll. Es ist in der Regel auch nicht möglich, diese Beträge mit einfachen Mitteln ganz oder teilweise auf die einzelnen Umsätze aufzuteilen. In dem Sinne, daß die selbständige Gewinn- und Verlustrechnung die Aufteilung der Erfolgsergebnisse in viele Einzelerfolge ermöglichen soll, bedeuten also diese Posten eine weitere Einschränkung. Das Gesamterfolgsergebnis wird zwar nicht berührt, jedoch leidet die Genauigkeit der Ziffern für die Einzelerfolge.

Für die praktische Durchführung der Gewinn- und Verlustrechnung ist weiter zu bemerken, daß neben den Hauptleistungen häufig Nebenleistungen herlaufen. Diese können darin bestehen, daß die Verpackung der Erzeugnisse gegen besondere Berechnung geliefert wird. In der Regel kommt es ferner auch vor, daß außer den normalen Leistungen oder Lieferungen eines Unternehmens besondere Leistungen, wie z. B. Reparaturen und Arbeiten für fremde Rechnung u. a. m., ausgeführt werden. Bei ordnungsgemäßer Kostenrechnung werden derartige Arbeiten in der Regel gegen besondere Auftragsnummer ausgeführt, d. h. es werden entsprechende Kostenträger geschaffen. Die Abrechnung in der Gewinn- und Verlustrechnung erfolgt dann durch Gegenüberstellung der erzielten Erlöse zu den entstandenen Kosten und führt demgemäß zu sinngemäßer Erweiterung des vorstehenden Schemas.

Falls besondere Aufwendungen bzw. Erlöse (z. B. Zinsen) direkt über ein provisorisches Gewinn- und Verlustkonto verbucht worden sind, so hat die Summe dieser Beträge ebenfalls als besonderer Posten zu erscheinen.

Schließlich ist noch zu erwähnen, daß natürlich auch alle Erfolge im ruhenden Vermögen als besonderer Posten in der Gewinn- und Verlustrechnung erscheinen können, insbesondere soweit solche beobachtet und ziffernmäßig festgestellt worden sind.

8. Zusammenfassung.

Zusammenfassend kann festgestellt werden, daß die heute allgemein übliche Art der Erfolgsermittlung auf Grund der doppelten Buchführung keine doppelte Rechnung im strengen Sinne des Wortes darstellt. In der Regel ist es vielmehr so, daß die Bilanzrechnung als selbständige Rechnung durchgeführt wird und dann die Gewinn- und Verlustrechnung mit Hilfe einer Substitutionsgleichung von der Bestandsrechnung abgeleitet wird.

Gegenüber dieser Handhabung stellt die Verselbständigung der Gewinn- und Verlustrechnung einen wesentlichen Fortschritt dar. Sie führt nämlich zwangsläufig zur getrennten doppelten Erfolgsrechnung. Es kann zwar nicht behauptet werden, daß durch diese Art der Erfolgsermittlung in allen Fällen eine richtigere Erfolgsziffer ermittelt wird als durch die seitherige Methode, denn auch durch die getrennte doppelte Erfolgsrechnung wird die Doppik von ihrer Eigentümlichkeit, daß sie eine Annäherungsrechnung ist, nicht befreit. Immerhin kann gesagt werden, daß eine selbständig durchgeführte Gewinn- und Verlustrechnung, sofern sie auf einer einwandfreien Selbstkostenermittlung aufgebaut ist, zu genaueren Ergebnissen gelangen kann als eine Bestandsrechnung, die mit den oben geschilderten Fehlern behaftet ist.

Die besonderen Vorteile der getrennten doppelten Erfolgsrechnung liegen darin, daß Gewinn- und Verlustrechnung und Bilanzrechnung, sofern sie als selbständige Rechnungen durchgeführt werden, in der Regel zwar zu verschiedenen Ergebnissen führen, daß der Unterschied zwischen den beiden Ergebnissen aber eine Handhabe für die Durchführung wichtiger Kontrollen, insbesondere hinsichtlich der außerplanmäßigen Aufwendungen bietet.

Von mindestens gleich großer Bedeutung ist es, daß die als selbständige Rechnung durchgeführte Gewinn- und Verlustrechnung eine fast unbegrenzte Möglichkeit der Unterteilung des Gesamterfolges in Einzelerfolge, sei es hinsichtlich der Art der Erzeugnisse, sei es hinsichtlich der Absatzgebiete, sei es hinsichtlich der Zeitabschnitte, bietet. Diese Möglichkeit der Unterteilung ist in der Bilanzrechnung teils überhaupt nicht, teils nur in beschränktem Maße gegeben.

Es muß hinzugefügt werden, daß die praktische Durchführung der getrennten doppelten Erfolgsrechnung ein Kompromiß erfordert insofern, als die Gewinn- und Verlustrechnung nicht auf der ganzen Linie als selbständige Rechnung durchgeführt werden kann, sondern nur soweit es sich um den Umsatzerfolg handelt. Die übrigen Teile des Erfolges, insbesondere die Erfolge im ruhenden Vermögen, lassen eine von der Bilanz unabhängige selbständige Erfassung in der Regel nicht zu.

GPSR Compliance

The European Union's (EU) General Product Safety Regulation (GPSR) is a set of rules that requires consumer products to be safe and our obligations to ensure this.

If you have any concerns about our products, you can contact us on ProductSafety@springernature.com

In case Publisher is established outside the EU, the EU authorized representative is:

Springer Nature Customer Service Center GmbH
Europaplatz 3
69115 Heidelberg, Germany

Batch number: 10844623

Printed by Printforce, the Netherlands